COUNTRY –
Ländliches Wohnen in Amerika

COUNTRY – *Ländliches Wohnen in Amerika*

Judith und Martin Miller

Fotos von James Merrell

Übertragung aus dem Englischen:
Jutta Fanurakis

BUSSESEEWALD

Zuerst erschienen 1994 unter dem Titel
(3) THE AMERICAN COUNTRY COMPANION
bei Mitchell Beazley Publishers, ein
Unternehmen der Gruppe Reed Consumer Books Ltd,
Michelin House, Fulham Road, London SW3 6RB

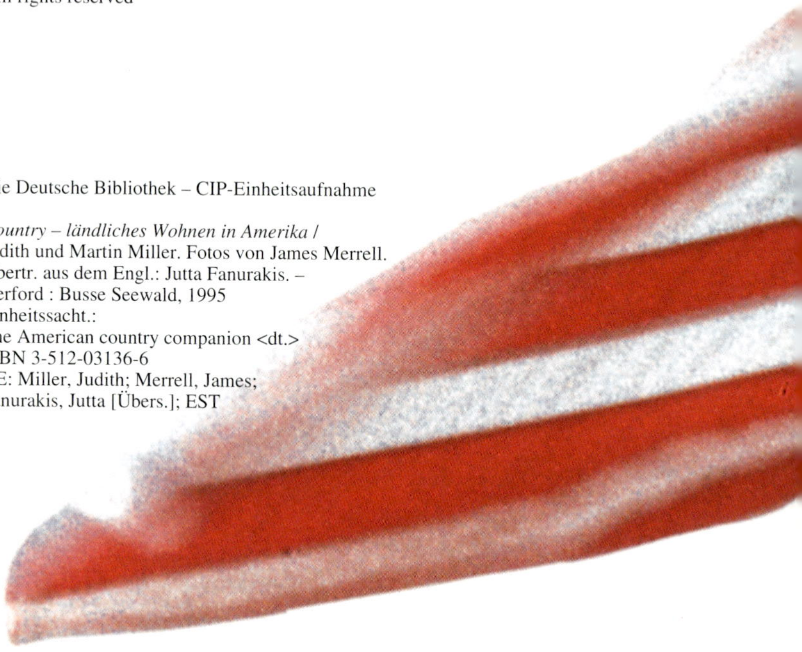

Die Deutsche Bibliothek – CIP-Einheitsaufnahme

Country – ländliches Wohnen in Amerika /
Judith und Martin Miller. Fotos von James Merrell.
Übertr. aus dem Engl.: Jutta Fanurakis. –
Herford : Busse Seewald, 1995
Einheitssacht.:
The American country companion <dt.>
ISBN 3-512-03136-6
NE: Miller, Judith; Merrell, James;
Fanurakis, Jutta [Übers.]; EST

Übertragung aus dem Englischen: Jutta Fanurakis · Lektorat: Dieter Erb
Satz: Busse Druck, Herford · Gedruckt in China

ISBN 3-512-03136-6

Inhalt

EINFÜHRUNG

Der amerikanische Country Style entwickelte sich als Wohnstil nach der Unabhängigkeit. Er entstand aus der Kultur der Ureinwohner Amerikas, der Indianer, und wurde befruchtet von den Traditionen und handwerklichen Fähigkeiten der frühen Siedler, die aus Europa kamen und ihre Häuser aus den Materialien bauten, die sie in ihrer neuen Heimat vorfanden. Dieser Schmelztiegel von Alt und Neu wurde solange durcheinandergerührt, bis sich ein Stil entwickelt hatte, der eindeutig amerikanisch war und der seine Herkunft aus der Pionierzeit noch heute deutlich erkennen läßt. Die Isolation der einzelnen Siedlungszentren der Pionierzeit hatte eine Vielfalt stark regional beeinflußter Stile zur Folge, vom Farmhaus in Ohio, inmitten der sanft an- und absteigenden Ebenen des Mittelwestens, bis zum Cape-Cod-Cottage hoch über der Atlantikküste.

Eines haben die Varianten des amerikanischen Country Style gemeinsam, das ist die Fülle von Holz, von der Weißen Zeder an der Atlantikküste bis zur Zypresse im tiefen Süden. Wie die Landbevölkerung überall in der Welt, so bauten die ersten Einwanderer ihre Häuser aus den Materialien, die sie vorfanden – allerdings mit dem Unterschied, daß sie als Fremde in einem neuen Land von den Traditionen ihrer Heimatländer und von ihren religiösen Bräuchen beeinflußt wurden, die sie wie ihr Hab und Gut mit sich trugen. Die Kriterien ihrer Bauweise waren Schlichtheit, Behaglichkeit und Dauerhaftigkeit. So entstanden in den diversen Siedlungsgebieten eigenständige Wohn- und Ausstattungsstile, die auf Einfachheit und guter handwerklicher Verarbeitung basierten.

Die bescheidene Blockhütte war das typische Heim der Pioniere. Die Größe solcher Bauten hing im wesentlichen von der Höhe der Bäume ab, die in der Umgebung wuchsen – also von der Länge der Baumstämme, die man daraus gewinnen konnte. Viele Blockhütten hatten nicht einmal Fenster.

Die Wahl des Stils

Das noch heute gültige Symbol des Pioniergeistes, die bescheidene Blockhütte, verkörperte gleichzeitig die ethischen Werte des einfachen Landlebens. Sie wurde aus roh behauenen Baumstämmen zusammengesetzt. Im Winter wurden die Ritzen abgedichtet, um die Kälte abzuhalten, und im Sommer wehte eine angenehm warme Brise durch die Räume. Seit es Sägemühlen gab, wurden die Blockhäuser häufig mit Brettern verschalt – zum höheren Ansehen der Bewohner. Im Nordosten Amerikas waren die Häuser der ersten Siedler Holzrahmenkonstruktionen, die um einen riesigen Kamin herum gebaut wurden. In den typischen Ackerbaugebieten nahm die Größe der Farmen ständig zu und schindelgedeckte Scheunen – die eine Handvoll Leute an einem Tag errichten konnten – wurden zum Wahrzeichen der Landschaft im Innern Nordamerikas. Im Süden bauten sich die Plantagenbesitzer große, weiß getünchte Häuser, deren Vorderfront nach dem Vorbild klassischer Tempel gestaltet war, um ihren Status als Großgrundbesitzer zum Ausdruck zu bringen. Während beim Hausbau in den nördlichen Regionen das wichtigste Kriterium das Speichern von Wärme war, erforderte das warme Klima im Süden eine Bauweise, deren Priorität schattenspendende Kühle war. Hier waren Loggien, Veranden, große Fenster und hohe Räume die Norm.

Alte Wände aus unbehauenen Baumstämmen, aus Holzplanken oder Profilhölzern, bemalt oder unbemalt, verleihen einem Raum Wärme.

Oben: Kräftige Erdtöne kontrastieren mit dem Weiß der gekalkten Wände. Links: Ein Raum im Kolonialstil mit milchiggrün getönten Wänden und einem Windsor-Stuhl.
Rechts: Eine Kommode aus New England (18. Jahrhundert).
Gegenüberliegende Seite: Das offene Feuer im Kamin verleiht den Wänden Patina.

Das »Saltbox«-Haus

Die Behausungen der frühen Siedler – abgesehen von den traditionellen Blockhütten – richteten sich nach den Erfordernissen des jeweiligen Klimas und nach den verfügbaren Rohstoffen. Die Siedler im Nordosten des Landes entwickelten eine Vielfalt von Hausformen, die sich an die ihnen vertrauten, europäischen Vorbilder anlehnten. Der Baustil an der Küste von New England hatte vorwiegend englische Züge. Das typische Cape-Cod-Cottage zum Beispiel entwickelte sich aus dem einräumigen, englischen Steincottage mit Giebeldach und Giebelfenstern. Hier paßte es sich den klimatischen Bedingungen der Ostküste Amerikas an: Eine Seite des Giebels wurde tiefer heruntergezogen. um die kalten Nordwinde abzuwehren. Das brachte ihm die Bezeichnung »Saltbox« (Salzkistchen) ein. Und anstelle von Stein und Lehm mußten die Siedler mit dem Holz der Weißen Zeder arbeiten, die an der Atlantikküste heimisch war. Aus dem Holz schnitten sie Schindel, mit denen sie die Fassaden verkleideten und die Dächer deckten. Eine andere Art der Fassadenverkleidung waren Bretter, die auf einer Seite dicker waren als auf der anderen, die sogenannten »Clapboards«, und die, wie Schindel, überlappend verlegt wurden. Auch im Innern erinnerten die Cape-Cod-Cottages an die typischen Farben von England: Die holzverkleideten Wände wurden in weichen Farbtönen angestrichen – Creme, Naturleder und Graugrün. Die »Saltbox«-Häuser waren nicht unterkellert. Die Fensteröffnungen waren klein und die Räume niedrig, denn der Winter war lang, und man mußte sparsam mit der Wärme umgehen. Dieser einfache, nüchterne Baustil war ein angemessenes Ambiente für die ländlichen Siedlungen der Puritaner, der Quaker, der Hugenotten, der Amish und der Shaker. Aus den bescheidenen Interieurs dieser religiösen Gemeinschaften entwickelten sich ländliche Wohnstile, die zu den bekanntesten und beliebtesten Amerikas gehören. Sie entsprachen dem strengen Glauben, der die Herzen und das Leben dieser Menschen erfüllte. Sie sind ausdrucksstark und auf das Wesentliche reduziert und wirken daher heute fast modern.

Das Farmhaus

Als die Siedler begonnen hatten, das Land zu bebauen in der Hoffnung, daß es sie ernähren werde, mußten sie Unterkünfte schaffen, in denen sie das umfangreiche Zubehör einer gut funktionierenden Farm unterbringen konnten. Es entstanden Farmhäuser mit mehreren Anbauten: Das Quellenhaus wurde um eine Quelle herum gebaut, die die Milch und andere frische Produkte kühlte; im Räucherhaus wurde das Fleisch gesalzen und geräuchert; im Eishaus wurde, wie in alten Kühlschränken, das Eis aufbewahrt, das von benachbarten Seen geschlagen worden war; im Wollhaus wurde die Schafwolle versponnen, gewebt und zu Stickereien verarbeitet. Auch ein Brunnenhaus, ein Waschhaus, ein Wurzelkeller und ein Holzstapel gehörten zu jedem Gehöft.

In New England baute man seit der Mitte des neunzehnten Jahrhunderts die Farmhäuser um einen Holz- oder »Ballon«-Rahmen herum, indem man sich den üppigen, lokalen Eichenbestand zunutze machte, und verkleidete die Fassaden mit wetterbeständigen Brettern. Obwohl die Bauweise einfacher war als die der meisten Stadthäuser, waren sie vom viktorianischen Stil beeinflußt und wurden mit phantasievollen Schnitzereien dekoriert, was ironisch als »Pfefferkuchenstil« bezeichnet wurde.

Mittelpunkt des häuslichen Lebens war ein riesiger, offener Kamin, der Wärme für das ganze Haus ausstrahlte und zum Kochen und Wassererhitzen benutzt wurde. Nachdem man das Abzugsystem verbessert hatte, wurden die Kamine kleiner, entwickelten weniger Rauch und waren in fast allen Räumen üblich. Die Ausstattung der Räume enthielt nur das Nötigste, sie bestand aus wenigen einfachen, selbstgefertigten Gegenständen und, wenn es hochkam, einem Familienschatz wie der Bibel oder ein paar Kerzenleuchtern aus Messing.

Links: Das Tullie-Smith-Haus ist das schlichte Wohnhaus eines Plantagenbesitzers, es entstand zwischen 1840 und 1850. Das Gebäude hat an jedem Ende einen massiven, gemauerten Kaminschacht. Die Veranda, die sogenannte »Porch«, ist typisch für den Süden des Landes.

Rechts: Dieses Interieur im amerikanischen Kolonialstil ist betont einfach und sparsam ausgestattet. Die Eingangshalle im Erdgeschoß ist der Hauptwohnraum des Hauses, sie ist mit Möbeln aus den Südstaaten aus dem neunzehnten Jahrhundert möbliert. Die offenen Türen des Eckschrankes aus dem achtzehnten Jahrhundert geben den Blick frei auf Keramik, die mit Szenen aus dem amerikanischen Leben dekoriert ist.

Die Scheune

Die alten Scheunen sind vorwiegend langgestreckte Konstruktionen, die an den Ecken durch Kerben und Pflöcke zusammengehalten werden. Scheunen waren Anbauten des Farmhauses; sie dienten als Ställe und der Unterbringung der Ernte und landwirtschaftlicher Geräte. Die Ritzen wurden entweder mit Stoffstreifen oder Lehm abgedichtet, oder man schnitt rohe Baumstämme zu Vierkanthölzern zurecht und verkleidete damit die Innenwände. Die Außenwände der Scheunen wurden häufig mit Schindeln verkleidet, das schützte vor Wind und Wetter und diente der besseren Isolierung des Innenraums.

Das Baumaterial lieferten die Bäume der Umgebung. Die vorgefertigten Wände wurden mit Hilfe von Pferden und Ochsen und unter Mithilfe freundlicher Nachbarn nach dem Kommando des Bauherrn aufgerichtet.

Das Erdgeschoß war gewöhnlich gemauert und diente als Stall. Das Geschoß darüber bestand aus roh behauenen Baumstämmen (die Ritzen wurden wegen der besseren Belüftung nicht abgedichtet) und bot reichlich Platz zum Aufbewahren von Heu für das Vieh. In einigen Scheunen sind ganz oben, unter dem Dach, noch heute Flaschenzüge erhalten – was darauf hinweist, daß die Ballen vom Wagen direkt auf den Heuboden gehievt wurden.

Es gab auch Scheunen, die nach der »Stovewood«-Methode (»Holz-für-den-Ofen«-Methode) konstruiert wurden, die kanadische Holzarbeiter entwickelt hatten. Sie nannten ihre Bauweise so, weil das Holz, das für die Scheune benötigt wurde, in Stücke geschnitten werden mußte, die so groß waren, daß man sie gerade noch in einen Ofen stecken konnte. Die Holzstücke wurden dicht gestapelt und von Kalkmörtel zusammengehalten. So entstanden die Wände. Die Außenseite wurde mit Holzschindeln oder »Clapboards« verkleidet, das Innere wurde meist verputzt.

Links: Eine Kollektion von Motiven – Bourbonenlilien, Angelruten und Aalfangspeere dekorieren die langen Scheunenwände. Die Möbel stammen aus diversen Gegenden Nordamerikas: der bemalte Schrank (links) kommt aus Kanada, der auf der rechten Seite aus New Hampshire, der in der Mitte aus Pennsylvania. Auf dem braun gebeizten Tisch aus dem Staat New York sitzt eine Lockente, der grüne Stuhl mit dem Leiterrücken stammt aus New England. Rechts: Das Farmhaus aus Maine besteht aus dem Haupthaus, einem kleineren Anbau, einem rückwärtigen Haus und der Scheune.

Leben wie die Cowboys

Die Popularität des Cowboys und der Kult, der mit dem Cowboy-Image getrieben wird, sind noch heute lebendig; der Cowboy ist das supermaskuline Symbol der Freiheit und des Lebens in freier Natur.

Als der Handwerker und Designer Thomas Molesworth aus Cody, Wyoming, in den dreißiger Jahren seine einzigartigen, handwerklich geprägten Möbel im Ranchstil schuf, setzte er Maßstäbe für den robusten, rauhen, maskulinen und typisch amerikanischen Cowboystil. Gleichzeitig hat er damit die Legenden über den Wilden Westen zu einer Kunstform erhoben, die die verlorenen Träume einer Nation symbolisiert.

Die Möbel von Molesworth waren unverwechselbar und mit bildlichen Darstellungen dekoriert. Er bemalte und schablonierte Kommoden, Stuhllehnen, Friese an Kopf- und Fußenden von Betten, Lampenschirme aus Tierhäuten und Vorhänge mit einer harmonischen Mixtur aus indianischen Motiven und Artefakten – Pfeil und Bogen, Kanus und indianischem Kopfschmuck – und mit typischen Cowboyfiguren und -accessoires – Silhouetten krummbeiniger Revolverschwinger, 10-Gallonen-Hüten, störrischen Gäulen, Stetson-Hüten, Sätteln und Sporenstiefeln.

Während die Schränke, Kommoden und Tische im Cowboystil mit aufgemalten oder

Links: Der Wohnraum dieser Ranch in Colorado, der 1935 entworfen wurde, ist eine wahre Kultstätte für Thomas Molesworth, den Erfinder des Cowboystils.
Oben: Ein kompakter Couchtisch mit Schnitzdekor, eine lederbezogene Couch. Davor ein Teppich aus New Mexico aus den dreißiger Jahren.
Rechts: Ein typisches Molesworth-Interieur mit Möbeln, die mit Cowboy-Symbolen dekoriert sind.

geschnitzten Westernsymbolen dekoriert sind, wirken Sofas und Stühle wie ein schwerfälliger Machomix aus Holz und Leder oder Tierhäuten und sind, wenn überhaupt, mit Lederfransen dekoriert. Zuweilen wird ein natürlicher Knoten im Holz – als dekorative Unregelmäßigkeit der Maserung – waagerecht angeschitten und in das Objekt integriert, wodurch sich bei Stühlen und Tischen interessante Effekte ergeben.

Oben: Cowboystiefel und -hüte werden wegen ihrer dekorativen Eigenschaft sehr geschätzt und sind ein origineller Schmuck für den Kaminsims.
Rechts: Ein Fries aus geschnitzten Pferdeköpfen und die Figur eines pistolenschwingenden Cowboys schmücken die Vorderfront einer Schlafzimmerkommode. Typisch für die Möbel von Molesworth sind farbige Lederfransen und -quasten.

Rechts: Ein riesiger Suguaro-*Kaktus, ein Stetson-Hut und eine Decke mit einem Indianermuster in weichen Farbtönen sind charakteristisch für ein Interieur im Cowboystil. Die sepiafarbenen Fotos an der Wand aus der Zeit kurz vor 1900 stellen aussterbende Indianerstämme dar.*
Unten: Ein Paar Cowboystiefel und ein Kerzenständer aus Wyoming und an der Wand eine Decke mit Navajo-Muster.

Natürlich gewachsene Objekte werden aus ihrem Zusammenhang genommen und für die Innendekoration verwendet. Zweige, Elchgeweihe, Stier- oder Büffelhörner werden zu Stühlen, Beistelltischen, Kerzenleuchtern, Hutständern, Haken oder Lampen verarbeitet. Damit soll die Liebe des Cowboys zum Leben in freier Natur dokumentiert werden und dem Ambiente das Flair von rauher Bodenständigkeit verliehen werden.

Als Gipfel dieser Naturverbundenheit sorgt ein riesiger *Suguaro*-Kaktus, das Fruchtbarkeitssymbol dürrer Ebenen, für Authentizität. Obwohl dieser Stil jeden überflüs-

sigen Komfort und jegliches Raffinement ausschließt und die Wände, Decken, Fußböden, Türen und Möbel vorwiegend aus Holz sind, spielt die Farbe eine wichtige Rolle in der Gesamtwirkung. Rote, blaue oder weiße Lederpolster, ein lose drapierter Vorhang oder eine Tischdecke aus Gingham fügen sich harmonisch in die übrige Ausstattung ein. Aber vor allem sind es die Farben und Muster der Stoffe und Decken, die auf die Ureinwohner Amerikas zurückgehen und diesen Interieurs die Wärme und das einladende Flair rustikaler Behaglichkeit verleihen. Decken mit traditionellen Navajo-Mustern und Beacon- und Pendleton-Decken zieren die Wände, sind über Geländer drapiert und dienen als Bettdecken oder Teppiche, um das Einerlei der Fußböden aufzulockern.

Stileinflüsse der Ureinwohner

Der prächtige Kopfschmuck eines Häuptlings der Assiniboin-Indianer von der Nordwestküste Nordamerikas schmückt die Wand hinter der handgeschnitzten Sitzbank, die einst dem gleichen Häuptling gehörte. Rechts: Glattgeschliffene Flußsteine bilden die Vorderfront dieses eindrucksvollen Kamins. Die Verwendung von Natursteinen erinnert daran, daß die Ureinwohner Amerikas gern die Natur als Gestaltungselement heranzogen. Der gebleichte Schädel mit Hörnern und die Kiva-Leiter (wie sie die Pueblo-Indianer verwendeten), links im Bild, sind typisch für Santa Fe-Interieurs. Die Pendleton-Teppiche kommen auf der Leiter perfekt zur Geltung. Im Vordergrund Körbe, wie sie die Ureinwohner Amerikas verwendeten, und ein Paar Hausschuhe.

Die Kulturen der Ureinwohner haben einen großen und bleibenden Einfluß auf das volkstümliche Design Amerikas gehabt. Die Südwestecke der Vereinigten Staaten ist die Wiege des Kunsthandwerks uralter Kulturen. Im heutigen Stil dieser Region vermischen sich indianische Artefakte problemlos mit Elementen des prunkvollen und recht pompösen spanischen Kolonialstils.

In dieser sonnendurchglühten Landschaft verwendeten die Urbewohner den ausgetrockneten Boden zum Bau ihrer Behausungen. Adobe (die spanisch-amerikanische Bezeichnung für sonnengetrocknete Lehmziegel) war das wichtigste Baumaterial. Die noch feuchten Lehmstücke wurden zu leichten Bögen, geschwungenen Wänden und runden Feuerstellen geformt, die sich gewöhnlich in einer Ecke des Raumes befanden.

Seit den dreißiger Jahren ist Santa Fe eine Künstlerkolonie. Heute sind die einstigen Lehmböden kühlen Ziegeln oder Steinplatten gewichen, aber die Decken, von Kiefernholzbalken gestützt, werden noch immer nach alter Pueblo-Indianer-Tradition gestaltet. Typische Dekorationselemente sind auch der gebleichte Tierschädel und die *Kiva*-Leiter. Die *Kiva* war ein unterirdischer Raum der Pueblo-Indianer, der nur durch eine Leiter zugänglich war und den Männern als Versammlungsraum diente. Heute ist die *Kiva*-Leiter ein sehr beliebtes Ausstattungselement, sie eignet sich hervorragend für die Zurschaustellung traditioneller Teppiche und Decken. Von den blassen Erdtö-

nen dieser Interieurs, die die Farben der nahegelegenen Wüste widerspiegeln, hebt sich die reiche Vielfalt der amerikanischen Volkskunst wirkungsvoll ab.
Stämme wie die Chirokesen und die Pima verwendeten nicht nur glitzernde Perlen und Schmuck, sie flochten Körbe aus den Zweigen des Haselstrauchs, der Weide, aus Grashalmen, Eichen-, Eschen- und Hickoryzweigen und verarbeiteten gesponnene Tierhaare, Baumwolle, Wolfsmilch, Hanf und Holzfasern zu Textilien. Die Hopi webten lebhaft gemusterte Kleidung und Decken in weichen Farbtönen auf primitiven Webstühlen, die sie aus Stöcken herstellten. Auch die leuchtenden Streifenmuster der Navajo-Teppiche oder die rot-schwarze indianische Keramik mit den geometrischen Mustern und den stilisierten Tiergestalten und Vögeln sind heute gefragte Sammlerstücke.

TEX-MEX

Tex-Mex ist eine unbekümmerte Mischung von Elementen des relativ prächtigen spanischen Kolonialstils mit den eher naiven Dekorationselementen indianischer Kulturen. Im Gegensatz zu der ziemlich staubigen, farblosen Welt außerhalb des Hauses hat sich ein extrovertierter, südländischer Stil entwickelt, dessen reiche Muster und leuchtende Farben alle nur möglichen Flächen zieren, ob Fliesen, Keramik, Teppiche, Textilien, Wände oder Möbel.

Das Innere der Räume besteht hauptsächlich aus organischen Materialien und ist mit Deckenbalken, Fußböden aus Steinplatten, Fenster- und Türrahmen aus Holz und Rundbogenöffnungen und Eckkaminen in *Adobe*-Technik ausgestattet. Die Wände sind glatt verputzt und weiß oder in pastelligen Pink-, Blau-, Gelb- Beige- oder Grüntönen angestrichen. Von diesem kühlenden, pastelligen Hintergrund hebt sich eine Vielfalt dekorativer Accessoires ab: religiöse oder weltliche Götzen, bemalte Figuren, und – in der Küche – getriebene oder gestanzte Behältnisse aus Zinnblech. Trotz der schweren Holzmöbel strahlen die Interieurs durch ihre lebhaften Bemalungen eine allumfassende Heiterkeit aus. Vor allem das leuchtende Blau, das *Azul anil,* von dem man einst glaubte, daß es die bösen Geister bannt, und das man heute vor allem dazu verwendet, architektonische Details zu unterstreichen.

Links: Hinter der breiten Rundbogenöffnung in Adobe-*Technik liegt das wie ein Kirchenraum anmutende Speisezimmer mit einem schlichten Kronleuchter und einem bezaubernden Stilmischmasch von alten mexikanischen Stühlen.*
Oben links: Der in Adobe-*Technik gestaltete Kamin in der Ecke ist mit drei Kruzifixen dekoriert.*
Oben Mitte: Altes Schnitzwerk und Keramik mit dick aufgetragenem Dekor verbreiten eine bäuerliche Atmosphäre.
Oben rechts: Die Eingangshalle wird von einem großformatigen Gemälde beherrscht.
Unten rechts: Die traditionellen mexikanischen Eßzimmerstühle und die gediegenen Türen, Fensterrahmen und Fensterläden aus Holz werden ergänzt durch schmale Deckenbalken und dunkle Gemälde an den Wänden. Der Polstersessel mit dem Navajo-Muster ist ein freundlicher Farbklecks.

Gegen Ende des neunzehnten Jahrhunderts entstand in der amerikanischen Gesellschaft – als Reaktion auf die schnell expandierende Urbanisierung und das Wachstum der Industrie – eine Zurück-zur-Natur-Bewegung, die versuchte, die Sehnsucht nach einer Rückkehr zu den Wurzeln der Pionierzeit Wirklichkeit werden zu lassen. Als Resultat dieser Bestrebungen schossen rustikal anmutende Adirondack-Blockhütten aus dem Boden. Paradoxerweise handelte es sich nicht um echte, rustikale Behausungen, aber zumindest waren sie an der ländlichen Idylle orientiert.

In den Adirondack Mountains, im nördlichsten Teil des Staates New York, hatte man Ansiedlungen von Blockhütten gegründet, die betuchte Stadtbewohner während des Sommers als Wochenendrefugien benutzten und so dem Leben in der Metropole den Rücken kehren konnten. Heute gibt es am Blue-Mountain-See ein Freilichtmuseum, in dem man Adirondack-Hütten im Pionierstil besichtigen kann. Fast al-

Rechts: Die Platte dieses rustikalen Tisches (um 1900) ruht auf einer bizarr geformten Wurzel. Der Tisch wurde für eine Adirondack-Blockhütte am Raquette-See im Staat New York angefertigt. Die Schreiner, die die Adirondack-Möbel herstellten, waren bekannt für die Verarbeitung organisch gewachsener Formen. Sie verwendeten nicht nur Wurzeln, Äste und Zweige, sondern auch die Rinde verschiedener Baumarten.

Rechts oben: Der Wohnraum im Bull Cottage am Blue-Mountain-See gehört zum Adirondack-Museum. Die Möbel fertigte der Tischler Ernest Stowe an. Rechts Mitte: Zwei Schaukelstühle aus gelber Birke mit Sitzen und Lehnen aus geflochtenen Eschespänen. Rechts unten: Baumrinde hat großartige, dekorative Eigenschaften; in einem einzigen Möbelstück wurden bis zu zehn Rindenarten verwendet.

les ist aus Holz: die Wände, die Fußböden, die Decken und die Möbel. Die Designer hatten sich an den Originalmöbeln der Blockhütten – einfachste Konstruktionen aus eingekerbtem Holz und gebogenen Ästen – orientiert und Formen von extrem gekünstelter Rustikalität entwickelt. Heimische Schreiner stellten die Möbel aus roh behauenem Holz her, ohne die natürlichen Unebenheiten des Rohmaterials zu beseitigen - eine perfekte Ergänzung zu den ungeschälten Baumstämmen der Wand- und Deckenkonstruktionen und den Natursteinen der Kamine.

Schreiner setzten geschickt die dekorativen Eigenschaften von Baumrinde ein: Eine Anrichte wurde zum Beispiel mit Intarsien aus weißer Birkenrinde und gespaltenen gelben Birkenzweigen verziert, eine Kommode mit Marketerie aus verschiedenfarbigen Baumrinden, Tische oder Schränke mit phantasievollen Einlegearbeiten aus dünnen Zweigen.

Holz wurde nicht nur als Furnier verwendet, zum Beispiel wurden aus Esche- und Hickoryspänen geflochtene Stuhlsitze und -lehnen gearbeitet.

Äste, Wurzeln oder Zweige wurden in ihrer natürlich gewachsenen Form in die Möbelstücke eingearbeitet. Gebogene Äste wurden als Kopf- oder Fußteile von Betten verwendet, und Lampenfüße wurden aus Baumstrünken aus der nächsten Umgebung angefertigt. Aus Geweihen wurden Kerzenleuchter und Kleiderhaken, und die Beine eines Hockers endeten in vier Wildtierhufen.

Der Shaker-Stil

Die Shaker, angeführt von der Engländerin Ann Lee, waren eine der altruistischen Sekten, die in die Neue Welt auswanderten. Sie kamen dort 1774 an, und innerhalb von zehn Jahren hatten sie ihre Hauptsiedlung in New Lebanon im Staat New York fertiggestellt. Zu ihrer Blütezeit, Mitte des achtzehnten Jahrhunderts, lebten etwa 6000 Shaker in Gemeinschaftssiedlungen, die sich westlich bis nach Ohio erstreckten.

Mutter Ann ermahnte ihre Sektenmitglieder: »Tut eure Arbeit so, als hättet ihr noch tausend Jahre zu leben und müßtet morgen sterben« – eine etwas weit ausgeholte Erklärung für die gute, handwerkliche Verarbeitung, das perfekte Design und die absolute Funktionalität der Shaker-Produkte.

Da die Shaker ihre Unterkünfte gleichzeitig als Versammlungsräume benutzten, mußten sie aus Platzgründen so sparsam wie möglich möbliert werden. Kleinere Gegenstände be-

Oben links: Ein typischer Shaker-Schrank. Oben rechts: Die an Kleiderhaken aufgehängten Besen sorgen für Ordnung in der Küche. Unten: Eine »Himmelsleiter« aus farbigen Spanschachteln.

wahrte man in runden Spanschachteln auf, die rot, blau, gelb oder grün angestrichen waren, um den Inhalt zu kennzeichnen. Kleidung, Geräte, Küchenutensilien und sogar Stühle wurden an hölzerne Garderobenleisten entlang der Wände gehängt. Es herrschte stets eine Ordnung, die fast klösterliche Stille ausstrahlte.

Links: Zeitgenössische Shaker-Möbel sind handwerklich gut verarbeitet und wirken zeitlos elegant.
Unten: Der Stuhl mit dem Leiterrücken aus Vogelaugenahorn und der Tisch mit der dreifüßigen Mittelstütze entstanden um 1850. Der Kerzenleuchter stammt von 1750 und wurde in den zwanziger Jahren noch immer produziert. Der Nähkorb entstand um die Mitte des neunzehnten Jahrhunderts. Die Holzvertäfelung aus breiten Holzplanken und das weiche, kräftige Grün des Anstrichs sind charakteristische Merkmale des Shaker-Stils.

LEBEN IN FREIER NATUR

Im Jahre 1850 verglich der Architekt A. J. Downing einen seiner Entwürfe für ein traditionelles, amerikanisches Farmhaus mit einem ähnlichen Entwurf im rustikalen englischen Stil. Er schrieb: »In diesem Haus manifestiert sich vielleicht etwas mehr Unabhängigkeit und etwas weniger Gedrungenheit, was sich beides in der Höhe der Stockwerke und dem größeren Abstand vom Boden bis zur Dachrinne dieses Entwurfs ausdrückt.« – »Es würde den amerikanischen Farmern gefallen«, fügte er hinzu, weil sie »die Unabhängigkeit über alles lieben.« Wo auch immer die Pioniere sich in der endlosen Weite von Nordamerika niederließen, waren das milde Klima, die Fruchtbarkeit des Landes und der Natur und die Verfügbarkeit lokaler Baumaterialien lebenswichtige Faktoren, die ihr Leben und ihren materiellen Erfolg entscheidend beeinflußten. Die freie Natur, die das Haus umgab, diktierte nicht nur die Art der landwirtschaftlichen Nutzung ländlicher Ansiedlungen, sondern spielte auch eine wichtige Rolle bei der Entstehung der vielen regional verschiedenen Stile in bezug auf die Architektur und die Einrichtung der Häuser.

Tief im Herzen der grünenden Wälder von Tennessee spenden die Bäume Schatten für den Sitzplatz auf der Veranda.

Staketenzäune

Oben links: Ein Holzzaun im Adirondack-Stil und ein Lemoyne-Star-Quilt.
Oben rechts: Noch immer typische Briefkästen.
Unten links: Das Holz war nicht nur lebenswichtig für den Hausbau, es war gleichzeitig der wichtigste Brennstoff zum Heizen und Kochen.
Unten rechts: Ebene, glatte Wände erzielte man mit Hilfe von Vierkanthölzern; die Reste wurden für den Zaun verwendet.

Von Küste zu Küste bescherten dicht bewaldete Gegenden dem Kontinent einen fast unbegrenzten Reichtum an Hölzern wie Kirsche, Ahorn, Hickory und Esche.

Von den Blockhütten im Norden und Mittelwesten bis zu den »Clapboard«-Häusern und Staketenzäunen an der Ostküste war Holz ein ständig verfügbares, vielfältig verwendbares Baumaterial. Der Stil der Häuser an der Küste von New England war etwas bescheidener,

und die Größe der Grundstücke wurde beschränkt durch die gering bemessenen Landzuteilungen, die die britische Krone zum Kauf freigab.

In dieser Ecke Nordamerikas wuchsen weiße Staketenzäune aus dem Boden, denn jeder Siedler versuchte, sein eigenes, kleines Grundstück von dem des Nachbarn abzugrenzen. Während die Siedler von New England das Problem hatten, ihre Häuser warm zu halten, bemühten sich die Farmer im Süden, ihre Häuser so zu bauen, daß die Hitze an Hochsommernachmittagen erträglich war. Die Landsitze der großen Plantagenbesitzer im Stil von »Vom Winde verweht« mit ihren verschlafenen Veranden vor dem Haus, den hübschen Loggien und den zinngedeckten Dächern, die die Sonne reflektierten, hatten sich aus schlichten Farmhäusern entwickelt, die von Generation zu Generation vergrößert wurden, in dem Maß wie das umgebende, fruchtbare Land Gewinn abwarf.

Oben und links: Die riesigen Wälder des Kontinents lieferten Holz im Überfluß – Kiefer, Esche, Birke und Ahorn – zum Bau von Wohnhäusern, Scheunen und Schuppen und für die Zäune, die die Grenzen der Gehöfte markierten.

Links: Die Zaunlatten konnten sowohl vertikal wie horizontal verlaufen, die Zäune wurden meist zur Begrenzung der Viehkoppeln errichtet.
Rechts: Die Sonnenterrasse in Seaside, Florida, ist mit Stühlen im Adirondack-Stil ausgestattet.

VORSCHLÄGE FÜR RUSTIKALE AUSSTATTUNGEN

Zu Beginn des achtzehnten Jahrhunderts hatte Amerika begonnen, als Nation Tritt zu fassen und ein Gefühl für eine eigene Nationalität zu entwickeln. Dieses Selbstvertrauen ließ sich auch an den Interieurs ablesen, in denen der Stolz auf ein eigenständiges Handwerk zum Ausdruck kam. Viele der gebräuchlichen Möbelstile Amerikas gingen auf englische Vorbilder zurück, dennoch war die amerikanische Interpretation unverkennbar. Die Deutschen und die Holländer, die sich in Pennsylvania niederließen, brachten Erinnerungen an die Volkskunst ihrer Heimatländer mit und sahen sich nach Materialien um, aus denen man ähnliches gestalten könnte. Schmiedeeisen wurde zu dekorativen Türbeschlägen oder zu dreifüßigen Untersetzern für heiße Schüsseln verarbeitet, die die Tischplatte schützen sollten. Zinnblech war billig und leicht zu schneiden, gestanzte Herz- und Vogelmotive waren sehr beliebt, und die Vorderseiten von Vorratsschränkchen zierte Zinnblech mit durchbrochenen Mustern, was gleichzeitig der Ventilation diente. Möbel – von den schweren Truhen, die Decken und sonstige Haushaltsutensilien enthielten, bis zu den ausgeklügelten Shaker-Schränken mit den leicht gleitenden Schubladen – wurden fast ausschließlich aus Holz hergestellt. Und schließlich fand die amerikanische Flora und Fauna ihren Weg in die Schablonenmuster.

Ländliche Interieurs entwickeln sich über Generationen; die handgearbeiteten Einbauschränke aus Kiefernholz beherbergen moderne Gerätschaften.

Der zentrale Wohnraum

In den frühen amerikanischen Behausungen war der sogenannte »Keeping room« manchmal der einzige Raum. Für die Pioniere, die sich eine Unterkunft in Form einer bescheidenen Blockhütte oder eines kleinen Cottage aus Stein bauten, bestand der Wohnraum der Familie aus einem einzigen Raum zu ebener Erde; allenfalls gab es einen Hängeboden als Vorrats- oder Schlafraum. Mit der Zeit, wenn die Farmer den nötigen, finanziellen Hintergrund geschaffen hatten, entstanden aus diesen bescheidenen Unterkünften richtige Häuser. Zuerst wurde ein zweiter, dann ein dritter Raum hinzugefügt, und der »Keeping room«, der inzwischen längst der Vergangenheit angehört, wurde zum Kochen, Essen, Schlafen und diversen anderen familiären Aktivitäten benutzt.

Die Kochgeräte lagen rechts und links neben dem Kaminfeuer, und die Holzscheite lagen auf den traditionellen Feuerböcken. Von den Deckenbalken herab hingen Kräuterbüschel zum Trocknen. Der Boden dieses zentralen Wohnraumes war aus gestampftem Lehm oder aus Stein und war mit Binsen bedeckt, die einmal im Jahr ausgewechselt wurden. Die Möbel waren gleichermaßen einfach gestaltet, und zu den Mahlzeiten wurde ein Tisch aus Holzplanken und Bockgestellen aufgestellt und davor grob gearbeitete Hocker oder Holzbänke.

Gegenüberliegende Seite: Die ländliche Atmosphäre dieses Wohnraums wird unterstrichen durch den großen Kamin, die Kräuterbündel an der Decke und die rustikalen Gerätschaften.
Oben links: Ganz nach alter Tradition sind einige der Möbelstücke in diesem Raum farbig angestrichen, aber im großen und ganzen herrscht der natürliche Holzton vor.
Oben rechts: Der »Keeping room« war der Vorläufer der Küche. Hier ist der Einbauschrank dunkelrot angestrichen.

KÜCHEN

Die Küche hat sich aus dem »Keeping room« entwickelt. Ihre Bedeutung als Herz des Hauses läßt sich über Jahrhunderte zurückverfolgen, bis in die Zeit, als die Mahlzeiten noch auf offenem Feuer gekocht wurden und das familiäre Leben in einem einzigen Raum stattfand. Küchen lassen sich meist recht gut im ländlichen Stil einrichten, was dazu beiträgt, daß sie zum Dreh- und Angelpunkt des Hauses werden und zu einem Ort, an dem eine ungezwungene Atmosphäre herrscht und der Tisch einen dominierenden Platz hat, wo die Familie die Mahlzeiten einnimmt und Freunde bewirtet werden. Für die meisten von uns ist die Küche notwendigerweise eine unserer Zeit gemäße Interpretation ländlicher Wirklichkeit. Moderne Geräte sollten natürlich diskret hinter Schranktüren verborgen werden. Einbauschränke sollte man vermeiden und statt dessen Unterschränke aus Holz und eine richtige

Oben links: Diese kalifornische Küche gleicht einer Kombüse.
Oben rechts: Ein Hauch mexikanischer Farbenpracht belebt hier die kühle Atmosphäre.
Links: Alte Rührschüssein dienen hier zum Aufbewahren von Äpfeln und Knoblauch.
Rechts: Eine Kollektion bunter Teller hängt an einer hell gestrichenen, holzverkleideten Wand.

Speisekammer installieren. Offene Regale sind absolut stilecht und eignen sich vorzüglich zum Aufstellen von Platten und Terrinen, von heimischen Töpferwaren, Kasserollen und anderen Gefäßen aus Kupfer, Zinn, Ton und Holz.

Steinplatten oder Fliesen wären angemessene Bodenbeläge, als Möbel würden sich ein alter Refektoriumstisch aus Eiche und ein einfacher Schaukelstuhl sehr gut machen.

Es muß nichts aufeinander abgestimmt werden, denn hier ist das Thema das integrierende Element, nicht das Muster oder die Farbe. Die Stühle können eine Ansammlung diverser Stile oder Hölzer sein, zum Beispiel Windsor-Stühle, Stühle mit Leiterrücken oder gedrechselten Balusterrückenlehnen. Wenn irgend möglich, sollte man auf elektrische Beleuchtung verzichten und den Raum mit Blumen- und Obstarrangements dekorieren.

Oben links: Möbel aus gebleichtem Holz verschmelzen mit den weißen Adobe-Ziegeln.
Oben rechts: Eine wohnliche Küche mit Körben und Backformen für Maisbrot.
Links: Kasserollen aus Gußaluminium passen in jede Küche.
Rechts: Ein Spülbecken aus Granit in New England.

Wohnräume

Der einstige zentrale Wohn-, Eß- und Schlafraum hat sich inzwischen zu deutlich voneinander getrennten Wohnbereichen entwickelt, an die wir uns längst gewöhnt haben. Während das Kochen und das Waschen heute in der Küche stattfindet, hat der Wohnraum seine Funktionen von dem ursprünglichen Ein-Zimmer-Cottage übernommen, wo »Living room«, also Lebensraum, genau das bedeutete, was der Name meint – er war teils Küche, teils Schlafraum, teils Empfangsraum mit all den familiären und häuslichen Aktivitäten, die um die Feuerstelle herum stattfanden.

Dem Wohnraum als dem »öffentlichsten« Raum des Hauses gebührt die wertvollste Dekoration – Erbstücke, Antiquitäten oder handgearbeitete Objekte. Aber es sollte nichts allzu kostbar oder durchgestylt wirken, denn an einem Ort, wo sich die Familie und Freunde versammeln, sollte es leger und unkonventionell zugehen. In einem kühlen Klima heißt das, es sollte ein warmer Kokon sein mit dick gepolsterten Sitzmöbeln, weichen Kissen, warmfarbigen Teppichen und einem knisternden Feuer. In wärmeren Regionen ist eher ein erfrischendes Refugium angebracht, mit einem hellen Farbkonzept, Ventilatoren an der Decke, gefliestem Boden und Lamellenjalousien.

Ein charakteristisches Merkmal des amerikanischen Country Style sind die sympathischen Mischungen von Ausstattungselementen, die sich allmählich und ganz natürlich in diesem Schmelztiegel der Kulturen vieler Einwanderergruppen entwickelt haben. Die Atmosphäre des amerikanischen Country Style laßt sich ohne großen Kostenaufwand kreieren, sie kommt ganz von selbst zustande, wenn man sich nach dem ländlichen Grundsatz der Schlichtheit und der »Das tut's auch«-Mentalität richtet.

Wenn man einen Hintergrund für ein bequem

Links: Ein Wohnzimmer im Western- oder Cowboy-Stil aus Naturstoffen – Decke und Boden sind aus Holz, der Kamin aus Flußsteinen. Vor dieser naturfarbenen Kulisse heben sich die leuchtenden Farben der Navajo-Teppiche und der Molesworth-Motive auf den Kissen effektvoll ab .

Links: Dieser gemütliche Wohnraum in New England bekommt durch die farbenprächtigen Muster von Patchworkquilts, Fleckenteppichen und der Decke mit Navajo-Muster eine einladende Atmosphäre. Rechts, über einem mit Tierhaut bezogenen Stuhl, hängt ein texanischer Quilt.

Rechts: Ein Schrein im spanischen Kolonialstil.
Unten links: In diesem Wohnraum in Santa Fe lehnt (links im Bild) eine alte Kiva-Leiter (um 1800) an der Wand.

Unten rechts: In diesem sonnigen Wohnraum in New England wurden alte, farbig angestrichene Möbel mit großzügigen Polstersesseln kombiniert – bequem und unkonventionell.

und gemütlich eingerichtetes Wohnzimmer schaffen will, kann man die Wände in fast allen Farbtönen streichen – wichtig ist nur, daß man die Farbe richtig aufträgt, nämlich mit groben Pinselstrichen und ohne auf das Verstreichen von Farbschichten oder regelmäßigen Farbauftrag Wert zu legen, damit der authentische Country-Look entsteht. Erdige Farben wie Terrakotta, Ocker, Brauntöne und Grünnuancen lassen sich sehr gut mit alten Möbeln und Holzteilen kombinieren. In wärmeren Regionen kann man mit Weiß, Creme, blassem Blau, Gelb oder Pfefferminz, vielleicht mit einem zusätzlichen, lebhafteren Farbton kombiniert, ein erfrischendes Interieur schaffen. Die weichen, warmen Farbtöne von Milchfarben, die aussehen, als seien sie im Laufe von Jahren gereift, strahlen eine Schönheit aus, die Industriefarben selten erreichen. Eine angemessene Beleuchtung unterstützt die Wirkung, und die Wände bekommen die in Jahren gewachsene Patina bewohnter Räume – außer Glühlampen mit niedriger Wattzahl unter einfachen Lampenschirmen eignen sich schlichte Kronleuchter, Öllampen, Windlichter oder ein paar einfache Kerzenleuchter oder Wandleuchten aus Zinn als zusätzliche Beleuchtung.

Der geräumige Wohnbereich im Blockhaus eines Amish-Farmers. Das Haus wurde 1737 in Lancaster County errichtet und später nach Chester County umgesetzt.

Zu dem gelben Wirtshaustisch aus Kiefernholz (um 1740), gehören zwei Stühle mit Leiterrücken (um 1830), deren brauner Farbanstrich bis heute nicht restauriert werden mußte.

Schlafräume

Zu Beginn des achtzehnten Jahrhunderts waren die Tage, als ganze Familien in einem einzigen Raum schliefen, vorüber, und das Schlafzimmer entwickelte sich zu einer sehr privaten Domäne. Bis zu dieser Zeit genossen nur die sehr Reichen das Privileg einer separaten Schlafkammer, alle anderen schliefen gemeinsam, häufig sogar auf dem Fußboden des einstigen »Keeping room«, wo sie sich auch tagsüber aufhielten, kochten, aßen und Besuch empfingen.

Mit dem separaten Schlafraum entwickelte sich auch die Hygiene dieses Ortes: Waschbare Bettwäsche aus Baumwolle und Leinen aus dem Fernen Osten ersetzte Pelze und Tapisserien; Bettgestelle aus Gußeisen, in denen die Wanzen es nicht mehr so bequem hatten, kamen in Mode. Bei den Bettgestellen, deren Kopf- und Fußbretter aus Holz waren, lagen die Matratzen auf Seilen, die durch Drehen von Holzpflöcken gespannt wurden. Die Betten waren recht gut gepolstert, über einer Schicht Stroh und Federmatratzen lagen mehrere Decken und Quilts.

Rechts: Ein typischer, rustikaler Schlafraum des ausgehenden neunzehnten Jahrhunderts. Unter dem Vierpfostenbett aus Holz mit einer Plattform aus gespannten Seilen für die Matratze steht das kleine Rollenbett für das Kind.
Unten links: Die Vertäfelung dieses Schlafzimmers ist in einem beruhigenden Grauton gestrichen, auf den Kiefernholzdielen liegen Fleckenteppiche aus dem neunzehnten Jahrhundert. Blickpunkt ist das Vierpfostenbett im Sheraton-Stil aus Vogelaugenahorn, um 1800 entstanden.
Unten rechts: Ein »Seven-Star«-Quilt, entstanden um 1850.

Quilts gehören unbedingt zur Ausstattung eines rustikalen Schlafzimmers. Authentisch wäre auch eine handgearbeitete Patchwork-Decke aus beliebig zusammengestellten Stoffflecken. Die Betten sollten möglichst einfach im Stil sein. Zu den Eklektizismen des neunzehnten Jahrhunderts gehörten auch die kleinen Sammlerstücke aus chinesischem Porzellan, die gerahmten Aquarelle, die bemalten Waschständer und die geblümten Stoffmuster, die sich im Schlafzimmer breitmachten. Ein vertrauter Gegenstand war der ausladende Korb aus Binsen- oder Weidengeflecht mit Deckel, bekannt als »Federkorb«, in dem Daunen und Federn gesammelt wurden, mit denen man Matratzen, Polster und Kissen stopfte. Zur Ausstattung des Schlafzimmers gehörten auch große Schränke und stabile, bemalte Kästen oder Truhen für Decken.

Heute hat man die Wahl: Man kann das Schlafzimmer mit einem Vierpfostenbett nebst Bettvorhängen oder einem einfachen Bett aus Metall ausstatten, mit blank polierten Holzdielen oder behaglichen Fleckenteppichen, man kann die Fenster mit hübschen Chintzvorhängen oder überhaupt nicht dekorieren – wichtig ist nur das eine: ein rustikaler Schlafraum ist niemals pompös ausgestattet.

Dinge des Alltags

Die Wahl der richtigen Dinge des Alltags ist äußerst wichtig, wenn die Ausstattung im amerikanischen Country Style authentisch sein soll, Dieser Stil ist eng mit der Vergangenheit Amerikas als landwirtschaftlichem Gebiet verbunden; er entstand zu einer Zeit, als die Herstellung und Form der Gegenstände von ihrer Notwendigkeit und Funktion diktiert wurden – nicht von Modetrends. Wände, Holzverkleidungen, Decken und Fußböden sollten einen angemessenen Rahmen für die Möbel, die Stoffe und die Accessoires abgeben. Wählen Sie Ihre Farben aus der reichen Palette von Naturfarben aus – sie reicht von dunklen Erdtönen bis zu hellen Pastells – und streichen Sie damit das roh behauene Holz und die grob verputzten Flächen, wobei ein unsauberer Anstrich, der nicht mehr ganz neu aussieht, stilechter ist als ein perfektes Finish. Dann fügen Sie mit Pflanzenfarben gefärbte Textilien hinzu, Möbel aus bemaltem oder gebleichtem Holz und – um das Ganze harmonisch abzurunden – Feld- und Wiesenblumen aus der Umgebung. Neu gekaufte Möbelstücke müssen nicht alle im gleichen Stil sein oder zum Stil des Hauses passen; die Elemente, die ein Interieur im Country Style so authentisch machen, umspannen meist Jahrhunderte. Sie sollten sich traditionsbewußt verhalten, sollten sich aber nicht verpflichtet fühlen. sich sklavisch daran zu halten. Der Country Style ist lebendig, er ist kein sorgfältig rekonstruierter Abschnitt der Vergangenheit.

Eine Kollektion amerikanischer Patchworkdecken und -quilts mit Applikationen aus dem späten neunzehnten Jahrhundert wird hier in einem Vorratsschrank zur Schau gestellt.

Sardis Tenn
Sardis Tenn

HOLZ

Holz gehörte zu den reichlich vorhandenen Ressourcen, es war für fast alles zu gebrauchen. Zum Hausbau wurde es anfangs in roh behauenem Zustand verwendet – Baumstämme wurden gespalten und zu sogenannten »Puncheon«-Bodenbelägen verarbeitet. Das heißt, die flachen Seiten bildeten den Bodenbelag eines Raumes, und die runden Seiten die Decke des Raumes darunter. Später, als entsprechende Werkzeuge zur Verfügung standen, waren Zimmerleute und Schreiner in der Lage, das Holz zu drechseln, glatt zu hobeln, zu polieren oder zu durchbrochenen Verzierungen zu verarbeiten.

Typisch für die Möbel, die man bei den Siedlern New Englands und anderer Gebiete fand, waren einerseits die Dinge, die sie für ihre Überfahrt gebraucht hatten – zum Beispiel Reisetruhen für Decken und Porzellan – und andererseits einfache Möbelstücke, die sie nach ihrer Ankunft nach Vorbildern herstellen, die ihnen aus ihrer Heimat vertraut waren. Da-

Eine Stalltür aus naturfarbener Eiche mit eisernen Scharnieren und Türbeschlägen kontrastiert mit dem Weiß der mit Milchfarbe gestrichenen Holzverkleidung der Wände des Farmhauses aus dem späten achtzehnten Jahrhundert.
Rechts: Details wie Scharniere, Türknöpfe und Beschläge sind wesentliche Zutaten, wennn man ein rustikales Interieur kreieren will, das den Charakter einer vergangenen Epoche ausstrahlt aber dennoch nicht auf Annehmlichkeiten verzichtet. Handgearbeitete Schränke aus Kiefernholz wirken authentisch, im Innern beherbergen sie moderne Geräte.

zu gehörten bei den englischstämmigen Einwanderern der Windsor-Stuhl mit der geschwungenen Lehne und bei den Holländern und Deutschen der riesige Kleiderschrank.
Die Shaker stellten schmucklose, schön proportionierte Tische und Sitzbänke her, sie entwarfen Anrichten, Nähtische, Schreibtische und Kommoden mit Schubladen, in denen Werkzeuge und Haushaltsutensilien aufbewahrt wurden. Geschirrschränke und Schubladen wurden gewöhnlich eingebaut; Holzbänke wurden häufig mit Scharnieren und aufklappbaren Platten versehen, so daß man sie auch als Tische verwenden konnte. Mit dem Stuhl mit Leiterrücken und dem Sitz aus geflochtenen Binsen oder Stoffstreifen hatten die Shaker eine Sitzgelegenheit geschaffen, die mehrere Probleme gleichzeitig löste – der Stuhl war stabil, aber gleichzeitig so leicht, daß man ihn an die hölzernen Kleiderhaken der Wandleisten hängen konnte, die rundherum im Raum befestigt waren. Damit waren die Stühle aus dem Weg geschafft, sie standen nicht mehr im Raum herum und beanspruchten unnötig viel Platz. Durch die fast totale Abhängigkeit von Holz wurden Funktionalität und Wirtschaftlichkeit zu den wichtigsten Kriterien dieser rustikalen Interieurs.

Oben: Schmale hölzerne Garderobenleisten an der Wand eines Arbeitsraumes aus dem achtzehnten Jahrhundert.
Links: Ein braun gestrichener Stuhl und ein Flickenteppich in der Diele eines Blockhauses.

SCHABLONEN

Mit Hilfe von Schablonen lassen sich Motive oder Muster auf andersfarbigem Grund anbringen, indem man die Farbe durch die ausgesparten Teile der Schablone hindurch aufträgt. In Nordamerika war das Schablonieren im achtzehnten und neunzehnten Jahrhundert eine kostensparende Alternative zu den kostbaren, handbemalten Tapeten, die ursprünglich von Europa importiert wurden. Zwar gab es in den Städten eine ständig wachsende Auswahl von Tapeten, aber in den ländlichen Gebieten gab es entweder überhaupt keine Tapeten oder sie waren viel zu teuer. Außerdem eigneten sie sich nicht zum Tapezieren von Holzflächen oder verputzten Wänden, die häufig Feuchtigkeit speicherten.

Oben: Die mit Holzplanken verkleideten Wände dieses Cottage in Houston, Texas, wurden gegen Ende des neunzehnten Jahrhunderts von ambulanten deutschen Dekorationsmalern mit einem »Musterkasten«-Motiv dekoriert.
Rechts: Die Schlafzimmerwand ist mit einem naiven Streifenmuster dekoriert. Dieses typisch amerikanische Schlafzimmer aus dem neunzehnten Jahrhundert ist eine Rekonstruktion und befindet sich im American Museum in Bath, England.

In dieser Situation waren Schablonen ein willkommenes Hilfsmittel, um Farbe und Muster ins Haus zu bringen. Dies geschah häufig nach Vorlagen, die die kunstvollen Dekorationen reicher Häuser nachahmten. Gleichzeitig entwickelte sich das Schablonieren zu einer Volkskunst; sie wurde von fahrenden Künstlern und Handwerkern europäischer Herkunft ausgeführt, die eine Vielfalt von Dekorationsideen aus ihren Heimatländern mitgebracht hatten. Zum Beispiel spiegelten sich in den aufgemalten Motiven und Mustern, mit denen man in amerikanischen Häusern Wände, Fußböden, Möbel und Architekturelemente verzierte, die überschwenglichen Dekorationsstile des holländischen siebzehnten Jahrhunderts und des skandinavischen achtzehnten Jahrhunderts wider.

Die Schablonendekorationen wurden mit Milchfarben oder wasserlöslichen Farben aufgetragen. Die Motive waren von der Natur inspiriert – Blätter, Blüten, Tiere und Vögel waren besonders beliebt. Der Vielseitigkeit und der sympathischen Schlichtheit dieser Dekorationstechnik ist es zu verdanken, daß sie noch heute floriert.

Oben: Dieser kanadische Tisch aus dem späten achtzehnten Jahrhundert und die Küchenstühle demonstrieren die reizvolle Patina eines sehr alten Farbanstrichs.
Links: Der Kleiderschrank aus dem neunzehnten Jahrhundert wurde gebeizt und im feuchten Zustand maseriert.
Rechts: Volkstümliche Möbel wie dieser in kräftigem Blau angestrichene mexikanische Geschirrschrank und der Hocker aus Jamaika sind reizvolle Accessoires für ein rustikales Ambiente.

Bemalte Möbel

Holzwände, Holzvertäfelungen und Möbel aus Holz lieferten genügend Möglichkeiten, Flächen mit Farbe zu verschönern. Die Farben wurden so eingesetzt, daß sich harmonische Kontraste ergaben – die Holzvertäfelung der Wand wurde zum Beispiel blaugrün gestrichen, die Tür in einem dunklen Ziegelrot und ein kleiner Schrank in Türkis. Diese Vielfarbigkeit ist ein charakteristisches Merkmal amerikanischer, rustikaler Interieurs. Sie war dem Reichtum an Bäumen und den geringen Kosten der Farben zu verdanken, die man selbst mit Hilfe von Milch herstellte und mit natürlichen Pigmenten färbte, die aus Erde, Rost, Pflanzen und Beeren gewonnen wurden. Die Möbel wurden häufig aus billigen und minderwertigen Hölzern hergestellt und mit matter Farbe angestrichen. Dieser Antik-Look läßt sich natürlich auch vortäuschen. Neue Möbel kann man verschönern, indem man unregelmäßige, dünne Schichten verschiedener Farben auf das naturfarbene Holz aufträgt, wobei die letzte Farbschicht gleichmäßig aufgetragen wird. Danach wird das Stück, noch bevor die Farbe getrocknet ist, mit angefeuchtetem Papier abgerieben, bis die unteren Farbschichten und das Naturholz teilweise wieder zum Vorschein kommen. Durch Reiben, bis an einigen Stellen die Holzmaserung sichtbar wird, durch intensives Schaben und recht massives Bearbeiten von Kanten und Ecken kann man Jahre kontinuierlicher Benutzung vortäuschen.

Oben: Zwei Schiffstruhen bieten reichlich Stauraum. Unten links : Ein ochsenblutfarbener Geschirrschrank.

Oben: Ein zeitgenössischer Shaker-Schaukelstuhl, Sitz und Rückenlehne sind aus einem Geflecht von roten und grünen Stoffbändern.
Unten: Die Hersteller von Adirondack-Möbeln haben gern organisch gewachsene Formen wie Zweige oder Äste in ihre rustikalen Möbel integriert.

Oben: Moderner Amish-Schaukelstuhl.
Unten: Weiße Korbstühle mit losen Polstern und Sitzkissen eignen sich für Interieurs im Süden.
Gegenüberliegende Seite oben links: Ein Stuhl mit Leiterrücken und eine Amish-Truhe.
Gegenüber rechts unten: Rustikaler Adirondack-Stuhl mit gewachsenen Ästen und Zweigen.

STÜHLE

Die Gestaltung der Stühle – wie auch der anderen Möbeltypen – wurde von den Erfordernissen des bäuerlichen Lebens diktiert, nicht von wechselnden Modetrends. Die Handelsschiffe, die die Häfen der Atlantikküste anliefen, brachten Stühle aus England im Tausch gegen amerikanischen Tabak und Weizen, daher tauchten im achtzehnten und neunzehnten Jahrhundert in Farmhäusern rustikale Versionen von Chippendale- und Hepplewhite-Möbeln im Georgian Style auf. Gleichzeitig kamen aber auch Möbel wie die leichten Rattanstühle, die für den Gebrauch an Bord gedacht waren, an Land und fanden ihren Weg auf die Veranden amerikanischer Häuser.

Viele amerikanische Stuhltypen wurden von englischen Vorbildern inspiriert, sie wurden aber vereinfacht und variierten im Stil beträchtlich von einem Teil des Landes zum anderen, was hauptsächlich von den Hölzern abhing, die in den jeweiligen Gebieten zur Verfügung standen. Der klassische Schaukelstuhl wurde im neunzehnten Jahrhundert im Süden des Landes erfunden, weil man dort Bedarf an bequemen Sitzgelegenheiten hatte, die ihren »Besitzer« in der Hitze des Nachmittags in den Schlaf wiegten. Neben Windsor-Stühlen und -Sitzbänken gab es Stühle mit Balusterrücken (die Baluster waren auf der Innenseite des Stuhles abgeflacht, damit man sich bequem anlehnen konnte).

Gegen Ende des neunzehnten Jahrhunderts kamen die Old-Hickory-Lehnstühle und -Schaukelstühle aus Indiana. Das Holz wurde gewässert, erhitzt und über Metallrahmen gebogen, dünne Späne wurden in Wasser eingeweicht und zu Sitzen geflochten.

Olmos Club
Olmos Club
Olmos Club

Keramik

Keramik, ob glasiert oder unglasiert, ob gemustert oder ungemustert, diente dem täglichen Gebrauch, wurde gesammelt, seit Jahrhunderten von Generation zu Generation weitergegeben und zur Schau gestellt. Von klobigen Schmortöpfen bis zu grazilen Eierbechern hat die Keramik ihre wahre Heimat in der rustikalen Küche. Man sollte die Stücke in offenen Schränken oder Regalen aufstellen, wo sie jederzeit schnell greifbar sind und der Küche gleichzeitig als authentische Dekoration dienen. Der Küchenschrank mit offenem Aufsatz wurde speziell für diesen Zweck erfunden; er wurde zu einer Art kulinarischem Schrein, in dem man bemalte Porzellantassen, Saucieren, Krüge und Teekannen oder die sogenannte »Spatterware« aus dem neunzehnten Jahrhundert zur Schau stellte. Offene Regale eignen sich auch zum Aufstellen von irdenen Krügen, gefüllt mit Kochutensilien, von braunen

Behältnissen mit Salzglasur und Steinguttöpfen zum Aufbewahren von Mehl, Zucker und Brot neben Bündeln von getrockneten Kräutern, Kupfermodeln und rustikalen Körben. Alte Küchenschränke sind ein idealer Stauraum, Vorratsschränkchen mit Maschendraht auf der Vorderseite eignen sich zum Ausstellen von dekorativen Keramikplatten. Man kann alle Arten von glasierter oder gemusterter Keramik sammeln und zu einer interessanten Kollektion zusammenstellen.

Gegenüberliegende Seite: Das Keramikservice in dem alten Küchenschrank hat die Firma Wallace, die 1938–1965 Hotels und Restaurants mit Geschirr belieferte, für ein Steakhouse hergestellt.
Oben: Unglasierte Keramik und Steingut sind ideale Vorratsbehälter für eine ländliche Küche; dieser »Tamali«*-Topf stammt aus Mexiko.*
Links: Dieses mexikanische Keramikgeschirr ist handbemalt, es zeigt naive Motive in lebhaften Farben. Kein Stück ist genau wie das andere, was dem Ganzen einen besonderen Charme verleiht. Die Innenseite des Geschirrschrankes ist – als Kontrast zu den Farben des Geschirrs – rot angestrichen.

Quilts

Links: Selbstgearbeitete Textilien, vor allem farbenfrohe Quilts, gehören zu den wichtigsten Bestandteilen des Country Style. Handgearbeitete antike Quilts sind begehrt; man kann sie als effektvolle Dekorationen verwenden oder – zusammengefaltet – in offenen Regalen oder Schränken zur Schau stellen.
Unten: Dieser Quilt mit Lilienmuster aus North Carolina ist eine Kombination von Patchwork und Applikationen; er entstand etwa um 1880 in Illinois.

Ursprünglich wurden die Quilts aus Stoffresten von Hand genäht und dienten als wärmende Bettdecken. Zu der Zeit, als mehrere Familienmitglieder in einem einzigen, großen Bett schliefen, müssen die Quilts ziemlich umfangreich gewesen sein.

Auch später, als aus dem gemeinsamen Schlafraum mehrere kleine, individuelle Räume geworden waren und Gästezimmer in Mode kamen, war der Quilt als Bettdecke noch immer beliebt.

Die konzentrierte Arbeit und die große Geschicklichkeit mit der Nadel, die diese feinen Stiche erforderten, erhoben den Quilt über seine rein nützlichen Vorfahren, und besonders schöne Exemplare, zum Beispiel Hochzeitsquilts – mit den Namen von Braut und Bräutigam und dem Datum der Hochzeit versehen – standen hoch im Kurs.

Im Laufe der Zeit entstand eine Vielfalt von bodenständigen Quiltmustern. Das »Crazy Quilt« wurde aus beliebig vielen Stoffen, Mustern und Farben hergestellt. Signierte Quilts wurden zum Versteigern bei Wohltätigkeitsveranstaltungen in Kirchen und Schulen gearbeitet. Und die Bibel bot allerlei Anregungen für dekorative Motive wie »Stern von Bethlehem«, »Jakobsleiter« oder »Dornenkrone«.

Organische Muster wurden der Natur entlehnt, Blumen-, Pflanzen- und Tiermotive waren sehr beliebt. Gegen Ende des neunzehnten Jahrhunderts war Quilten zur Volkskunst aufgestiegen, und der sogenannte »Best Quilt« – das gute Stück – eines Hauses, das meist anläßlich eines besonderes Ereignisses gearbeitet wurde, war so kunstvoll, daß man nur bei Tageslicht daran arbeiten konnte.

Heute sind »Best Quilts« gesuchte Objekte, die meist sehr gut erhalten sind, da sie selten gebraucht wurden.

Oben: Auf dem Adirondack-Bett mit dem bogenförmigen Kopfteil aus Ästen und Zweigen liegt ein Patchworkquilt mit Honigwabenmuster.
Unten: Auf dem Adirondack-Bett mit einfacherem Kopfteil, ebenfalls aus Zweigen, liegt ein Patchworkquilt im »Double-Nine«-Muster. Patchworkkopfkissen und ein Schrank voller zusammengefalteter Quilts vervollständigen die Bettdekoration.

Sonstige Textilien

Textilien, und besonders handgearbeitete Quilts, Patchworkarbeiten, Stickereien und Applikationen, sind wesentliche Bestandteile eines Interieurs im amerikanischen Country Style.

Man kann alle Arten von Textilien mischen: In einem echten, rustikalen Ambiente ist die Ausstattung im Laufe vieler Jahre angewachsen, jede Generation hat zum Charakter des Hauses beigetragen und eine weitere Schicht von Erinnerungen hinzugefügt.

Die Gewebetexturen, Muster und Farben antiker Textilien sind eine ideale Ergänzung der verhältnismäßig einfachen Umgebung aus Stein-, Holz- oder holzverkleideten Wänden. Holzdielen wirken wärmer durch bemalte Fußbodenmatten, farbenfrohe Fleckenteppiche oder gewebte Leinenteppiche; und Betten kann man mit gemusterten oder gestickten Decken verschönern. Für die Fenster sind Fensterläden – außen oder innen – meist ausreichend; auf dem Land hatten nur die wohlhabenderen Häuser Vorhänge, aus Musselin im Sommer und aus schwereren Stoffen im Winter.

Die warmfarbigen Muster der Teppiche und Decken der Urbewohner Amerikas ergänzen die groben Holzmöbel der Cowboy- und Tex-Mex-Interieurs. Man kann sie an die Wand hängen oder über Möbel, Treppengeländer, Deckenbalken, Stuhllehnen, »Kiva«-Leitern oder Polstermöbel drapieren. Man sollte aber unbedingt darauf achten, daß wertvolle Textilien vor direktem Sonnenlicht geschützt sind, da die Farben leicht ausbleichen. Am besten

Gegenüberliegende Seite: Die »Beacon«-Decken mit den indianischen Mustern sind maschinengewebt und entstanden zwischen den dreißiger und den fünfziger Jahren. Die Kissen zeigen die traditionellen Muster der Navajo-Indianer. Das Bett im Cowboy-Stil hat Pfosten aus Zedernholz.
Links: Dieser Wohnraum im Adirondack-Stil aus dem späten neunzehnten Jahrhundert ist mit einem »Log-Cabin«-Quilt ausgestattet. Auf dem Sessel liegt ein Kissen in »Crazy«-Patchwork.
Unten: Die sogenannte »Trigger«-Bettdecke, die über der Lehne des Schaukelstuhls hängt, ist mit Cowboy-Motiven bestickt, sie stammt aus den vierziger Jahren. Der Schaukelstuhl wurde um 1930 in einem texanischen Farmhaus entdeckt.

hängt man sie an einen Ort mit gedämpftem Licht, damit die Originalfarben erhalten bleiben. Textilien sind mit Geschichte getränkt, sie sind ein besonders persönlich geprägter Ausdruck von Volkskunst. Die frühen Pioniere, die ins Innere der Neuen Welt unterwegs waren, haben zum Beispiel ihre Toten in ihren Lieblingsquilt gewickelt, bevor sie sie beerdigten, und dann ihre Reise fortgesetzt. Damals wie heute sind Textilien wertvolle Schätze, die das Funktionelle mit dem Dekorativen verbinden, man sollte sie daher entsprechend behandeln und präsentieren.

Register